INSECTOPEDIA

© del texto: Daniel Aguilera-Olivares, 2018
© de las ilustraciones: Itza Maturana, 2018
© de esta edición: Editorial Amanuta, 2024
Santiago, Chile
www.amanuta.cl

Este es un proyecto de Editorial Amanuta

Edición general: Ana María Pavez y Constanza Recart
Diseño: Philippe Petitpas
Tipografía de título: Eleonora Pardo

Quinta edición: febrero 2024
Registro: 286.559
ISBN: 978-956-364-054-0
Impreso en China

Aguilera-Olivares, Daniel
Insectopedia / Daniel Aguilera-Olivares
Ilustraciones de Itza Maturana
5° ed. – Santiago: Amanuta, 2024.
[48p.]: il, col. 28 x 21,5 cm
ISBN: 978-956-364-054-0
1. INSECTOS 2. INSECTOS – ECOLOGÍA
3. INSECTOS – ENCICLOPEDIAS JUVENILES
I. Maturana, Itza, il.
II .Título IV. Serie   CDD 595

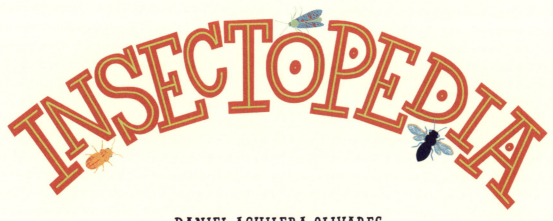

INSECTOPEDIA

DANIEL AGUILERA-OLIVARES

ITZA MATURANA

editorial
aManuta

ÍNDICE

BIENVENIDOS A INSECTOPEDIA

Te invitamos a descubrir el fascinante mundo de los insectos, esos seres vivos geniales que han estado en la Tierra por muchos años, tantos, que es casi imposible de dimensionar. Para que tengas una idea, cuando los dinosaurios aparecieron sobre la Tierra, los insectos ya llevaban millones de años habitándola. Cuando los dinosaurios se extinguieron, los insectos siguieron aquí como si nada pasara.

Para entender cómo los insectos se originaron, cómo conquistaron nuestro planeta y cómo han podido sobrevivir a tantas extinciones, necesitamos saber algunas cosas sobre ellos. En esta primera parte aprenderemos sobre su origen, dónde viven, cómo se clasifican, cómo se relacionan entre ellos, cuántos hay, cómo se relacionan con nosotros, la importancia que tienen en nuestro planeta (que en realidad en gran medida es el planeta de ellos), cómo son por dentro y por fuera y muchas cosas más.

¿POR DÓNDE EMPEZAMOS?

Imagina que te subes a una nave interespacial y viajas a cientos de **años luz** hasta llegar a un planeta totalmente desconocido. Imagina que ese planeta está habitado por muchos seres vivos de distintas formas, colores y tamaños. Desde la Tierra se te encarga la misión de estudiar la vida en ese planeta.

Esa es una tarea difícil, pero muy entretenida y desafiante. Lo mejor es clasificar a los organismos que encuentres. Pero… ¿por dónde empezar? Lo primero es observarlos con detalle y, luego, agruparlos según sus semejanzas. Esto es lo que hicieron los primeros científicos y científicas que se dedicaron a estudiar la naturaleza en nuestro planeta. Los especialistas que estudian los insectos se llaman **entomólogos**.

¿CÓMO SE CLASIFICAN?

Para realizar esta clasificación los científicos y científicas fueron juntando en pequeños grupos a los organismos que compartían gran parte de sus rasgos y los anotaron de manera desordenada por todos lados en una gran pizarra. Luego, se dieron cuenta que algunos conjuntos compartían más características con algunos grupos que con otros, formando entonces agrupaciones más grandes pero sin deshacer las asociaciones más pequeñas. Este ejercicio lo hicieron muchas veces y así se dieron cuenta que todos los grupos quedaban relacionados entre sí.

CATEGORÍAS TAXONÓMICAS

Para facilitar la organización de estos grupos, los científicos y científicas crearon un sistema donde hay jerarquías de clasificación. Estas son inclusivas, es decir, un conjunto de grupos pequeños se encuentran dentro de un grupo mediano y, a su vez, un conjunto de grupos medianos se encuentra en un grupo más grande. A esta forma de organizar los seres vivos se le llama **categorías taxonómicas**.

La clasificación más amplia que existe actualmente es el **Dominio**, seguido por los **Reinos** y luego los **Phylum** (filo). Así se tienen tres dominios: **Archaea**, **Bacteria** y **Eukarya** (con los reinos Protozoa, Chromista, Plantae, Fungi y Animalia).

CATEGORÍAS TAXONÓMICAS

	ejemplo
Dominio	Eukarya
Reino	Animalia
Filo	Arthropoda
Subfilo	Hexapoda
Clase	Insecta
Orden	Odonata
Suborden	Anisoptera
Superfamilia	Aeshnoidea
Familia	Petaluridae
Género	Phenes
Especie	*Phenes raptor* (Libélula)

ÁRBOL FILOGENÉTICO DEL DOMINIO EUKARYA

Quelicerados

Hexápodos

Anélidos

Crustáceos

Moluscos

Artrópodos

Miriápodos

Reptiles y aves

Anfibios

Peces

Equinodermos

Nematodos

Mamíferos

Vertebrados

Invertebrados

Poríferos

REINO ANIMALIA

REINO FUNGI

REINO PLANTAE

REINO PROTOZOA

REINO CHROMISTA

ÁRBOLES FILOGENÉTICOS

Una forma de mostrar el resultado de este ejercicio es a través de diagramas o representaciones gráficas conocidas como árboles filogenéticos. En las ramas se encuentran los grupos de individuos que se observaron. La unión de dos ramas representa el ancestro común que dio origen a esos dos grupos y en el tronco principal encontramos al ancestro común de toda la vida en la Tierra. Así, llegaron a la conclusión que los organismos provienen de otros pre-existentes.

Dominio Eukarya

LOS ARTRÓPODOS

Los Artrópodos (del griego *arthron* = articulación y *podas* = patas) son un grupo de organismos que se caracterizan por tener sus patas articuladas (de ahí su nombre). Dentro de este grupo (filo) están los insectos. Los Artrópodos se pueden clasificar en cuatro subfilos:

Hexapoda
Dipluros, insectos
(3 pares de patas)

Chelicerata
Arañas, ácaros, escorpiones
(4 pares de patas)

Crustacea
Chanchitos de tierra, jaibas
(5 pares de patas)

Myriapoda
Ciempiés, milpiés
(muchos pares de patas)

SEGMENTOS

Si los observas con detención, verás que están formados por pequeñas piezas o **segmentos** que parecieran estar perfectamente encajadas entre ellas para dar origen a su cuerpo.

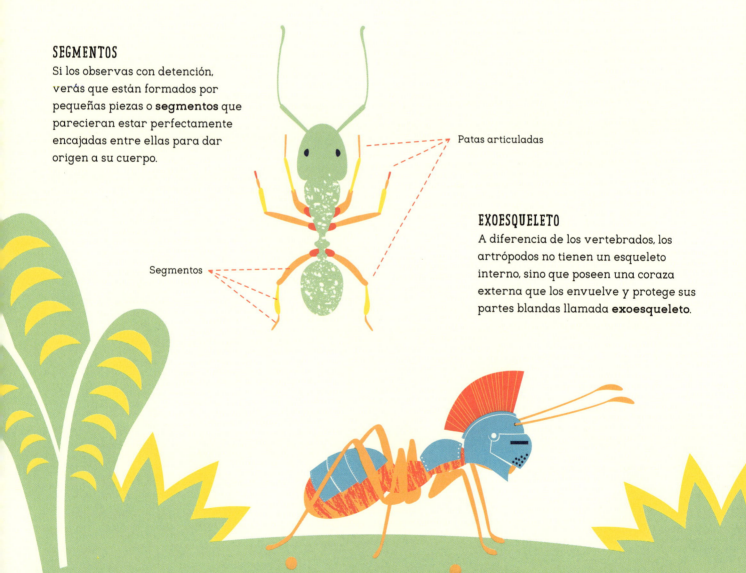

Patas articuladas

Segmentos

EXOESQUELETO

A diferencia de los vertebrados, los artrópodos no tienen un esqueleto interno, sino que poseen una coraza externa que los envuelve y protege sus partes blandas llamada **exoesqueleto**.

LOS INSECTOS

Los insectos son unas criaturas increíbles que pertenecen a la Clase Insecta dentro del subfilo **Hexapoda**. Poseen características que les han permitido ser los seres vivos más abundantes y diversos del planeta. Se han adaptado a todos los ambientes y han sobrevivido a muchas extinciones. Algunas de estas características son:

ALAS

Gracias a las alas los insectos pueden recorrer grandes distancias y conquistar nuevos territorios, tener una mejor ubicación para buscar a sus presas o un lugar donde vivir, encontrar pareja e incluso camuflarse con el entorno y así evitar depredadores.

REPRODUCCIÓN

Los insectos tienen ciclos de vida muy cortos, esto les permite duplicarse con mucha velocidad y adaptarse rápidamente a los cambios ambientales.

COMPUESTOS CUTICULARES

La capa más externa del exoesqueleto es la cutícula, la que posee una mezcla de compuestos químicos. Su función más importante es evitar la pérdida de agua y así sobrevivir en lugares tan secos como los desiertos. Además les dan un olor específico que les posibilitan reconocerse y comunicarse.

SOCIABILIDAD

En los insectos podemos encontrar desde especies **solitarias** que solo se reúnen para reproducirse hasta especies eusociales que viven organizadas en grandes colonias. Esta diversidad de conductas sociales ha favorecido que sean exitosos en distintos ambientes y contextos ecológicos.

TAMAÑO

Los insectos varían desde menos de 1 mm hasta unos 35 cm de largo, pero si tomamos en cuenta sus patas, algunos pueden sobrepasar los 60 cm. En el pasado existieron unos parientes de las actuales libélulas que llegaron a medir unos 75 cm de ala a ala. Su pequeño tamaño les permite vivir en espacios reducidos y esconderse de los peligros

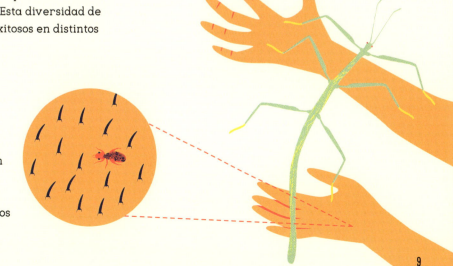

Períodos / Eras	Ma atrás	
CÁMBRICO	540	Aparición artrópodos
ORDOVÍCICO	485 470	Origen de Hexapoda
SILÚRICO	440 420	
DEVÓNICO	375 360	Origen de los insectos
CARBONÍFERO	300	Primeros insectos alados
PÉRMICO	250	Primeros dinosaurios
TRIÁSICO	200	Primeros mamíferos
JURÁSICO	145	
CRETÁCICO	70 65	Primeros primates / Extinción dinosaurios
ERA CENOZOICA	0	Humano moderno (40.000 años)

¿DESDE CUÁNDO EXISTEN?

Los científicos y científicas han calculado que los insectos se originaron hace unos 375ma (millones de años); es decir, unos 120ma antes que los dinosaurios dominaran la Tierra. Además, una de las principales características que les ayudó a alcanzar tantos años de existencia es poder volar. Sin embargo, la mayoría de ellos se han diversificado desde hace unos 50-150 millones de años atrás. Como ves, han sobrevivido a muchas extinciones y son uno de los candidatos favoritos para heredar nuestro planeta cuando nos extingamos junto a otras especies.

Sobrevivieron las extinciones masivas.

Sobrevivieron las glaciaciones.

Sobrevivieron inundaciones.

Probablemente heredarán nuestro planeta cuando nosotros, junto a otras especies, nos extingamos.

¿CUÁNTOS HAY?

El número de especies de organismos vivos descritos por la Ciencia es cercano a 1.500.000. De ellos, aproximadamente, el 67% son insectos, el 13% son otros artrópodos y el 20% restante lo componen todo el resto de los seres vivos. Como ves, los insectos son el grupo más abundante que existe en nuestro planeta y los científicos estiman que faltarían al menos unas 7 millones de especies por descubrir.

Otros seres vivos: 20%

Otros artrópodos: 13%

Insectos: 67%

¿DÓNDE VIVEN?

La mayoría de los insectos son **ectotermos**; es decir, su temperatura corporal es la del medio donde se encuentran, ya que no pueden producir su propio calor. Esto los hace extremadamente sensibles a los cambios de temperatura: si hace mucho frío se inactivan y realizan sus actividades con mayor lentitud. Mientras que si aumenta la temperatura, se vuelven más activos, realizando sus actividades más rápido. Por lo tanto, necesitan una fuente externa para obtener calor. Por eso, son muy numerosos y diversos en el trópico, donde el calor y los recursos como el alimento abundan. Mientras que hacia las zonas más frías, como las montañas y los polos, su presencia disminuye drásticamente.

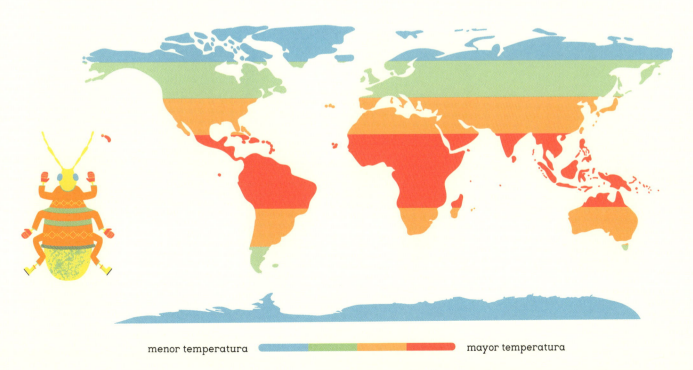

menor temperatura   mayor temperatura

¿POR QUÉ SON IMPORTANTES?

Los insectos han sido parte fundamental en la historia de la Tierra. Aunque muchos de ellos parecen salidos de una película de terror, el rol que cumplen en nuestra sociedad es innegable. Su importancia puede estar relacionada directamente con nosotros, desde generar grandes pérdidas económicas hasta mantener el equilibrio de nuestro planeta o, simplemente, deleitarnos con su deslumbrante belleza.

Es inevitable para muchos hablar de los insectos y no sentir rechazo o temor. Después de todo, ¿a quién no le ha picado un mosquito o una pulga?

¿Cuántas veces hemos tenido que salir corriendo por temor a que una avispa nos muerda?

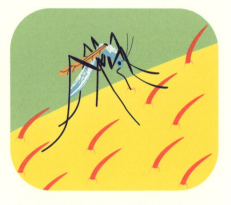

Algunos insectos son peligrosos, ya que pueden ser **vectores** (transmisores) de enfermedades como la fiebre amarilla, el dengue, el virus zika o la malaria.

SIN EMBARGO, EXISTEN COSAS MUY POSITIVAS RESPECTO A LOS INSECTOS:

Gracias a ellos, gran parte de la materia orgánica muerta es descompuesta y reciclada.

Muchos insectos son alimento de otros organismos, como aves y mamíferos.

Algunos son eficientes controladores de plagas, pues se alimentan de ellas.

En muchas culturas los insectos y sus larvas son considerados alimentos. Tienen un valor nutritivo gracias a su alto contenido de proteínas. Se dice que son el alimento del futuro.

En algunas culturas los insectos eran adorados como representantes de los dioses o eran utilizados como valiosos objetos de joyería.

Como algunos se alimentan de cadáveres en distintos estados de descomposición, ayudan a determinar la fecha de muerte (y así resolver crímenes gracias a la **entomología forense**).

Hay insectos que se utilizan para confeccionar telas a partir de sus **capullos** hechos de seda.

Las abejas producen miel y otros productos que son consumidos por todos nosotros.

Muchas termitas construyen nidos subterráneos. Con eso se airean los suelos, lo que permite que los cultivos crezcan mejor.

Son los principales encargados de **polinizar** las plantas con flores, ayudándolas en su reproducción. Además, ayudan dispersando sus semillas.

Han permitido realizar grandes avances en medicina, al servir como modelos de estudio para investigar enfermedades y desarrollar medicamentos.

Los insectos sociales nos permiten estudiar cómo funcionan las sociedades, incluyendo la nuestra.

MORFOLOGÍA

El cuerpo de los insectos se divide en tres partes: cabeza, tórax y abdomen.

PIEZAS BUCALES

Picadoras

Succionadoras

Mordedoras

OJOS

La mayoría de las veces tienen un par de ojos compuestos formado por pequeños "ojos" llamados omatidios que, en su conjunto, construyen una imagen. También pueden tener unas estructuras oculares más simples llamadas ocelos que les permiten diferenciar luz y sombra.

TÓRAX

El **tórax** se divide en tres partes: **protórax**, **mesotórax** y **metatórax**. Aquí se encuentran sus tres pares de patas y dos de sus pares de alas cuando están presentes.

ALAS

Pueden ser de varios tipos, entre las que están: alas membranosas, que tienen una red de venas que le dan firmeza. Estas pueden ser todas del mismo tamaño o las más cercanas al abdomen de menor tamaño (**halterios**), las que son útiles al momento de hacer maniobras complicadas en el aire; o alas duras hechas de **quitina** (un azúcar muy dura) y cuyos colores le permiten camuflarse. En este caso las alas reciben el nombre de **élitros**.

ABDOMEN

El abdomen puede llegar a tener once segmentos. En él se encuentran las estructuras relacionadas con la reproducción y la expulsión de desechos. Además, en algunos casos, tiene glándulas cuyas secreciones químicas (olores) le ayudan a marcar caminos o a atraer al sexo opuesto.

ANTENAS
Poseen sensores para olfatear y sentir a través del tacto.

Piezas bucales

Ojos

CABEZA

TÓRAX

PATAS
Además de servir para moverse, en algunos casos pueden olfatear y sentir vibraciones con ellas.

ABDOMEN

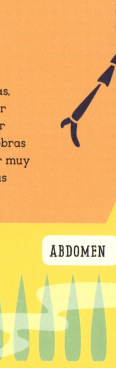

ANATOMÍA

La anatomía de un insecto tiene aspectos similares a la nuestra:

CEREBRO

Su sistema nervioso está formado por un pequeño cerebro ubicado en su cabeza, del cual sale un cordón neural hacia el abdomen por la parte ventral (de abajo) de su cuerpo, formado por varios ganglios.

TRÁQUEAS

Los insectos, a diferencia de los animales que poseen pulmones, captan el oxígeno a través de un sistema de cañerías llamadas tráqueas, que distribuyen el aire a través de todo el cuerpo, llegando directamente a los músculos.

GANGLIOS

Existen concentraciones de nervios llamados ganglios, de los cuales se ramifican terminaciones nerviosas hacia el resto del cuerpo. Estos ganglios le dan cierta autonomía a los insectos, permitiéndoles continuar moviéndose y responder a estímulos aún cuando hayan perdido su cabeza.

SISTEMA CIRCULATORIO

Ellos poseen un fluido llamado **hemolinfa**, que cumple las funciones de nuestra sangre. Ella es impulsada desde el abdomen hacia la cabeza por un tubo ubicado en la parte dorsal (arriba), con varias cámaras que cumplen la función de un corazón. En la cabeza, la hemolinfa es liberada y circula libremente por todo el cuerpo hasta llegar nuevamente al abdomen, donde es impulsada nuevamente.

GLÁNDULAS

El sistema digestivo posee glándulas que vierten sus contenidos en él y que ayudan en la digestión de los alimentos. Además, algunos insectos poseen endosimbiontes (bacterias, protozoos) dentro del último tercio del intestino que le ayudan a degradar sustancias complejas, como la celulosa.

TIPOS DE REPRODUCCIÓN

Los insectos, en general, se reproducen sexualmente; es decir, dos individuos se aparean. En la mayoría de los casos, el macho entrega a la hembra una estructura llamada **espermatóforo**, repleta de espermios, el cual es utilizado por ella para fecundar sus huevos. En otros casos, los espermios se introducen en el interior de la hembra directamente.

Espermatóforo

REPRODUCCIÓN TELESCÓPICA

En algunas especies, dependiendo del ambiente, existe una intercalación entre ciclos de reproducción sexual y asexual. Un ejemplo de esto son los áfidos (o pulgones). Durante la primavera-verano se reproducen de forma asexual a través de crías vivas (vivíparos), mientras que en otoño-invierno se reproducen de forma sexual a través de huevos. Durante su etapa asexual, poseen **reproducción telescópica**, donde cada áfido madre contiene hasta tres generaciones en su interior, algo así como una muñeca rusa.

SIN MACHOS

Por otro lado, existen otros insectos que se reproducen asexualmente por un proceso llamado **partenogénesis**. Es decir, no necesitan un macho que los fecunde y cada hembra es capaz de producir su propia descendencia.

DIMORFISMO SEXUAL

En algunos casos, ambos sexos son morfológicamente distintos, lo que se denomina **dimorfismo sexual**. Así, el macho puede ser considerablemente más pequeño que la hembra o con colores muy llamativos o sonidos y cantos especiales que utiliza para llamar su atención y competir con otros machos que también deseen aparearse.

Macho   Hembra

CICLO DE VIDA

En general, los insectos se reproducen por huevos y el proceso por el cual se desarrollan y se transforman en adultos se llama **metamorfosis**. El ciclo de vida de un insecto está estrechamente relacionado con este proceso. Así, los principales tipos de metamorfosis son los **holometábolos** o con metamorfosis completa y los insectos **hemimetábolos** o con metamorfosis incompleta.

HOLOMETÁBOLOS

Los insectos holometábolos son aquellos cuya metamorfosis es completa. Nacen de un huevo del que sale una **larva**, cuya apariencia es la de un gusano o una oruga. Luego pasa a una etapa de **pupa** para llegar finalmente a ser un adulto.

Cada etapa puede ser desarrollada en distintos ambientes y pueden alimentarse de distintas cosas.

Por ejemplo, hay insectos que ponen sus huevos en la cara interior de las hojas. Sus larvas se alimentan de esas hojas y sus pupas se desarrollan en esa planta. Sin embargo, cuando son adultos se alimentan del néctar de las flores. Otros colocan sus huevos dentro de otros insectos: cuando nacen, la larva empieza a comérselos vivos. Luego con su saliva tapizan el interior del insecto consumido dejándolos como momias de las cuales emergen como adultos,

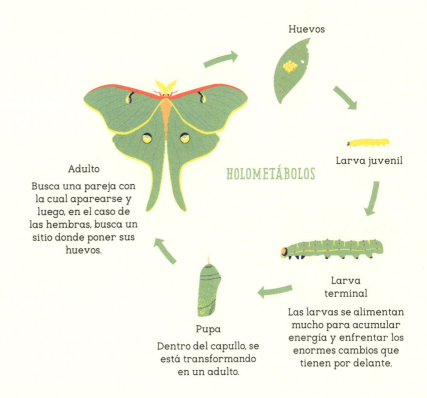

Huevos

Larva juvenil

HOLOMETÁBOLOS

Adulto
Busca una pareja con la cual aparearse y luego, en el caso de las hembras, busca un sitio donde poner sus huevos.

Larva terminal
Las larvas se alimentan mucho para acumular energía y enfrentar los enormes cambios que tienen por delante.

Pupa
Dentro del capullo, se está transformando en un adulto.

HEMIMETÁBOLOS

En los insectos hemimetábolos, el individuo que nace tiene la apariencia de un mini-adulto (llamados **ninfas**) y llega a convertirse en un adulto a través de continuos cambios de su exoesqueleto llamada muda. En cada **muda** cambian su exoesqueleto e irán aumentando el tamaño de su cuerpo hasta llegar a ser adulto. Las ninfas se alimentan por lo general de lo mismo que sus versiones adultas.

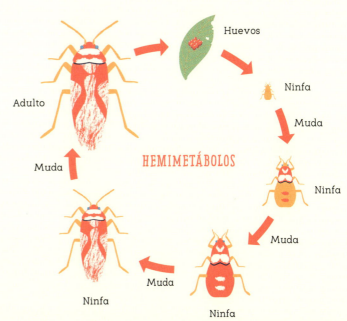

Huevos

Ninfa

Muda

HEMIMETÁBOLOS

Adulto

Muda

Ninfa

Muda

Ninfa

Muda

Ninfa

Ninfa

GRUPOS DE INSECTOS

Ya aprendimos muchas cosas de los insectos. Son geniales ¿verdad? Pero eso fue solo el comienzo. Los insectos son el grupo más abundante y diverso de nuestro planeta, de hecho están organizados en 29 órdenes y más de 1.000 familias.

En esta parte del libro aprenderemos algunas cosas interesantes sobre algunos de ellos. Como, por ejemplo, ¿sabías que fueron los primeros organismos en desarrollar alas y conquistar el aire? ¿Que el diseño de los helicópteros fue inspirado por insectos? ¿Que fueron los primeros en desarrollar una arquitectura de nido que permitió tener el primer sistema de aire acondicionado en la Tierra, cien por ciento ecológico? ¿Que fueron los primeros en desarrollar una vida social y vivir en colonias altamente organizadas? ¿Que no solo las abejas ayudan a la **polinización** de las flores? ¿Qué algunos viven en el agua? ¿Que otros son capaces de volar miles de kilómetros para mantenerse a salvo durante las estaciones frías?

Aprenderemos eso y mucho más en las siguientes páginas, donde estudiaremos 11 de estas 29 órdenes de insectos y descubriremos que, a pesar de que algunos de ellos nos parezcan desagradables a la vista, cumplen un rol muy importante en la mantención del equilibrio de nuestro planeta.

TIEMPOS DE ORIGEN

Orthoptera
Hemiptera
Odonata
Diptera
Hymenoptera
Coleoptera
Blattodea
Lepidoptera
Mantodea
Phthiraptera
Siphonaptera

Ma atrás

| 540 | 485 | 440 | 420 | 360 | 300 | 250 | 200 | 145 | 65 | 0 |

Períodos / Eras

| CÁMBRICO | ORDOVÍCICO | SILÚRICO | DEVÓNICO | CARBONÍFERO | PÉRMICO | TRIÁSICO | JURÁSICO | CRETÁCICO | ERA CENOZOICA |

Origen de las plantas vasculares

Origen de los árboles

Diversificación de las plantas con semillas

Diversificación de las plantas con flores

Praderas

Seres vivos

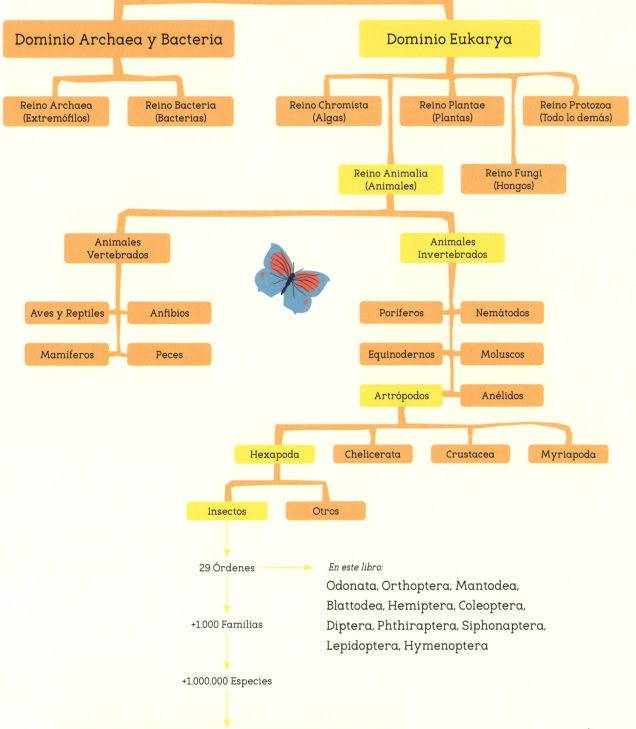

Dominio Archaea y Bacteria

- Reino Archaea (Extremófilos)
- Reino Bacteria (Bacterias)

Dominio Eukarya

- Reino Chromista (Algas)
- Reino Plantae (Plantas)
- Reino Protozoa (Todo lo demás)
- Reino Animalia (Animales)
- Reino Fungi (Hongos)

Animales Vertebrados

- Aves y Reptiles
- Anfibios
- Mamíferos
- Peces

Animales Invertebrados

- Poríferos
- Nemátodos
- Equinodernos
- Moluscos
- Artrópodos
- Anélidos

Artrópodos

- Hexapoda
- Chelicerata
- Crustacea
- Myriapoda

Hexapoda

- Insectos
- Otros

29 Órdenes →

En este libro:

Odonata, Orthoptera, Mantodea, Blattodea, Hemiptera, Coleoptera, Diptera, Phthiraptera, Siphonaptera, Lepidoptera, Hymenoptera

+1.000 Familias

+1.000.000 Especies

En este libro:

Libélulas, caballitos del diablo, saltamontes, grillos, mantis, cucarachas, termitas, pulgones, cigarras, membrásidos, vinchucas, escarabajos, mariquitas, luciérnagas, moscas, mosquitos, tábanos, piojos, pulgas, mariposas, polillas, abejas, hormigas, avispas.

LIBÉLULAS Y CABALLITOS DEL DIABLO
ORDEN: ODONATA

Tienen un par de ojos compuestos muy grandes en relación a su cabeza y tres ocelos (ojos simples). Su cuerpo es alargado y mide unos 10 cm de largo, tienen 2 pares de alas transparentes o tornasol casi del mismo tamaño, las cuales son sostenidas por una red de venas. Las libélulas y los caballitos del diablo son expertos voladores, alcanzando hasta los 50 kilómetros por hora. Se pueden detener abruptamente y mantenerse en un lugar, de hecho se piensa que inspiraron el diseño de los helicópteros.

¿LIBÉLULAS O CABALLITOS DEL DIABLO?
Existen varios rasgos que las diferencian:

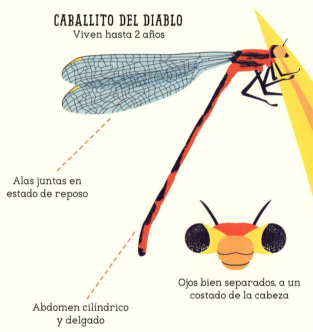

CABALLITO DEL DIABLO
Viven hasta 2 años

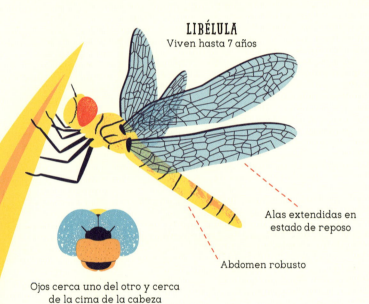

LIBÉLULA
Viven hasta 7 años

Alas juntas en estado de reposo

Alas extendidas en estado de reposo

Abdomen robusto

Ojos bien separados, a un costado de la cabeza

Abdomen cilíndrico y delgado

Ojos cerca uno del otro y cerca de la cima de la cabeza

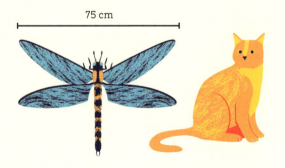

75 cm

PARIENTES GIGANTES
Estos insectos tienen unos parientes extintos del período Carbonífero, hace unos 340ma atrás, del género Meganeura que, con sus alas desplegadas, median unos 75 cm, siendo uno de los insectos más grandes del cual se tenga registro.

Número de especies	5.600
Tamaño aproximado	30 a 90 mm
Metamorfosis	Holometábola
Hábitat	Cerca de ríos y lagos
Alas	2 pares
Origen	Hace 270ma atrás
Diversificación	Hace 200ma atrás

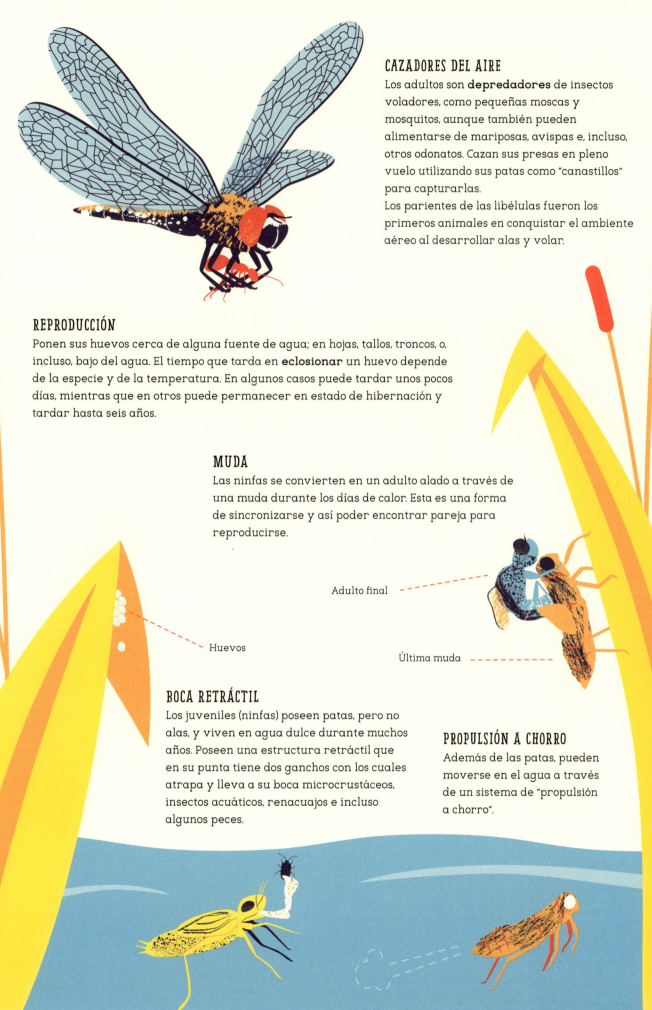

CAZADORES DEL AIRE

Los adultos son **depredadores** de insectos voladores, como pequeñas moscas y mosquitos, aunque también pueden alimentarse de mariposas, avispas e, incluso, otros odonatos. Cazan sus presas en pleno vuelo utilizando sus patas como "canastillos" para capturarlas.

Los parientes de las libélulas fueron los primeros animales en conquistar el ambiente aéreo al desarrollar alas y volar.

REPRODUCCIÓN

Ponen sus huevos cerca de alguna fuente de agua; en hojas, tallos, troncos, o, incluso, bajo del agua. El tiempo que tarda en **eclosionar** un huevo depende de la especie y de la temperatura. En algunos casos puede tardar unos pocos días, mientras que en otros puede permanecer en estado de hibernación y tardar hasta seis años.

MUDA

Las ninfas se convierten en un adulto alado a través de una muda durante los días de calor. Esta es una forma de sincronizarse y así poder encontrar pareja para reproducirse.

Adulto final

Huevos

Última muda

BOCA RETRÁCTIL

Los juveniles (ninfas) poseen patas, pero no alas, y viven en agua dulce durante muchos años. Poseen una estructura retráctil que en su punta tiene dos ganchos con los cuales atrapa y lleva a su boca microcrustáceos, insectos acuáticos, renacuajos e incluso algunos peces.

PROPULSIÓN A CHORRO

Además de las patas, pueden moverse en el agua a través de un sistema de "propulsión a chorro".

SALTAMONTES Y GRILLOS
ORDEN: ORTHOPTERA

Una de las principales características es que sus patas traseras son muy largas en relación a sus otras extremidades, lo que les permite dar grandes saltos para escapar cuando son perseguidos por sus depredadores o para ayudarse a emprender el vuelo. Al contrario de lo que se piensa, su principal medio de locomoción es caminar más que saltar. Se clasifican en dos subórdenes: Ensifera (saltamontes que parecen hojas y grillos) y Caelifera (saltamontes y langostas).

PATAS
Sus patas no solo le sirven para caminar y saltar, sino que, además, en las delanteras poseen los órganos para escuchar.

ANTENAS
Varían de tamaño dependiendo de sus hábitos de nidificación, siendo más pequeñas si son excavadores y viven bajo rocas o más grandes si viven al aire libre.

OJOS
Sus ojos son compuestos y ocasionalmente tienen tres ocelos.

ALAS
La palabra Orthoptera significa "alas rígidas", por el grosor del par anterior de alas, que cumple una función de protección. Son generalmente pigmentadas y en algunos saltamontes de la familia Tettigoniidae parecen hojas, lo que les sirve de **camuflaje**.
El segundo par de alas suele ser transparente y pueden estar ausentes o ser pequeñas (no sirven para volar). Pero, a veces, pueden ser grandes permitiéndoles volar distancias considerables durante horas.

ABDOMEN
Algunos de ellos son capaces de percibir sonidos a través de un par de tímpanos que se ubican en el primer segmento del abdomen.

ALIMENTACIÓN
Saltamontes y langostas son **fitófagos** (es decir, se alimentan de plantas), por lo cual pueden causar pérdidas económicas en cultivos; mientras que algunos grillos son depredadores y omnívoros (comen alimento de origen animal y vegetal).

Número de especies	26.000
Tamaño aproximado	2 a 200 mm
Metamorfosis	Holometábola
Hábitat	Terrestre
Alas	2 pares
Origen	Hace 355ma atrás
Diversificación	Hace 120ma atrás

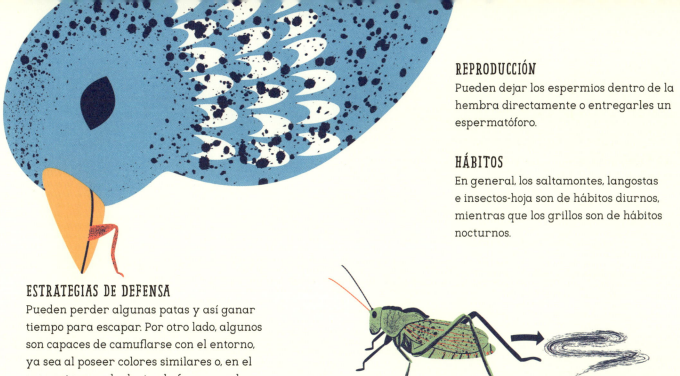

REPRODUCCIÓN

Pueden dejar los espermios dentro de la hembra directamente o entregarles un espermatóforo.

HÁBITOS

En general, los saltamontes, langostas e insectos-hoja son de hábitos diurnos, mientras que los grillos son de hábitos nocturnos.

ESTRATEGIAS DE DEFENSA

Pueden perder algunas patas y así ganar tiempo para escapar. Por otro lado, algunos son capaces de camuflarse con el entorno, ya sea al poseer colores similares o, en el caso extremo, al adoptar la forma y color de las hojas.

PLAGA DE LANGOSTAS

A veces, cuando las condiciones ambientales lo favorecen, las langostas se reproducen muy rápido, formando grandes agrupaciones que se pueden extender por kilómetros y que, en su avance en búsqueda de comida para saciar su voraz hambre, arrasan con todos los cultivos que encuentran a su paso, convirtiéndose en importantes plagas agrícolas.

PELEAS DE GRILLOS

Los grillos son **territoriales** y peleadores. Es habitual encontrar algunos que les falta una pata o una ala.

GENERACIÓN DE SONIDOS

Algunos grillos machos poseen un órgano en su abdomen que, al rozarlo con sus alas delanteras, produce el característico *cri-cri*, similar a como se produce el sonido de una matraca. Esto les permite atraer a las hembras y, a la vez, mantener a otros machos alejados. Algunos saltamontes también generan sonidos golpeando sus patas traseras contra su abdomen.

MANTIS
ORDEN: MANTODEA

Lo más probable es que hayas escuchado hablar de la mantis religiosa. Este nombre se debe a la posición de sus patas delanteras, que se asemeja a alguien rezando. Pero, en realidad, esta posición es muy importante para capturar y manipular a sus presas, que comúnmente son otros insectos o, en el caso de la hembra, puede ser incluso su pareja.

CABEZA
De forma triangular. Se puede mover en varias direcciones. Es el único insecto que puede mirar "sobre sus hombros".

PRONOTO
Es el segmento del tórax más cercano a la cabeza. Es muy alargado, lo que les da más libertad para poder usar sus patas cuando están cazando y manipulando sus presas.

OJOS
Sus grandes ojos compuestos le permiten tener una visión binocular y calcular distancias.

DEVORADORAS
Las mantis son carnívoras y excelentes depredadoras. Su estrategia es ser muy pacientes, esperar a estar lo suficientemente cerca de su presa para saltar sobre ella y capturarla con sus largas patas delanteras, con las que la sostienen mientras la devoran. En general comen insectos, pero las especies más grandes pueden comer lagartos y roedores.

HÁBITAT
La mayor cantidad de especies se encuentra en zonas tropicales, principalmente en Australia y Asia, aunque también en otras partes del mundo.

Número de especies	2.300
Tamaño aproximado	10 a 145 mm
Metamorfosis	Hemimetábola
Hábitat	Terrestre
Alas	1 par
Origen	Hace 175ma atrás
Diversificación	Hace 30ma atrás

COLORES

Las mantis tienen variados colores para camuflarse con su entorno. Tienen distintas tonalidades de verde. Viven escondidas en medio de las hojas de plantas y árboles, mientras que algunas mantis con tonalidades cafés viven en el suelo.

PARIENTES

Las mantis son parientes muy cercanos de las cucarachas y de las termitas.

SOLITARIAS

Las mantis son solitarias y territoriales. En general, solo se relacionan con otra mantis al momento de la reproducción.

REPRODUCCIÓN

Al momento de aparearse, el macho tiene que ser hábil, ya que la hembra es muy hambrienta y mal humorada: todo lo que se mueva a su alrededor es potencialmente un alimento. Así, pueden pasar tres cosas: el macho puede ser devorado antes que logre aparearse con la hembra; el macho puede ser devorado mientras se está apareando con la hembra y no por eso dejar de fecundarla; o el macho se podría aparear y salir ileso después del apareamiento. Una de las explicaciones más simples de esta conducta es que la hembra se aparea en el período donde hay más escasez de alimentos y necesita nutrientes para sus crías.

Depositan todos sus huevos envueltos por una espuma dura que los protege (**ooteca**). Una vez que los huevos eclosionan, las crías son cuidadas por su madre durante las primeras etapas de su vida, en algunas especies.

CUCARACHAS
ORDEN: BLATTODEA

¡Cucarachas por todos lados! Las puedes ver en la noche mientras caminas por las calles de la ciudad, corriendo de aquí para allá con sus largas antenas. Estos insectos se caracterizan por tener un cuerpo aplanado y ovalado, unas largas antenas y, algunas veces, sus ojos compuestos son casi inexistentes, al igual que sus ocelos. La forma y la flexibilidad de su cuerpo les permite moldearse ante cualquier espacio, por pequeño que sea. Prácticamente no existe lugar al que no puedan llegar o esconderse.

HÁBITOS
Sus hábitos son normalmente nocturnos, aunque también existen cucarachas diurnas.

CUCARACHA CABEZA DE LA MUERTE
Aunque no lo creas, hay cucarachas muy bonitas. Un ejemplo es la cucaracha "cabeza de la muerte". Su nombre es debido a que en su pronoto tiene una mancha con la forma de una calavera o un vampiro.

VIDA SOCIAL
La sociabilidad en cucarachas es muy amplia. Existen desde cucarachas solitarias hasta altamente eusociales.

Número de especies	4.600
Tamaño aproximado	2,5 a 100 mm
Metamorfosis	Hemimetábola
Hábitat	Terrestre
Alas	2 pares cortas, largas o ausentes
Origen	Hace 210ma atrás
Diversificación	Hace 50ma atrás

¿PESTES?

Aunque tienen fama de ser una peste, solo el 1% de las especies están asociadas a la actividad humana.

El problema, con respecto a la salud humana, es que las cucarachas viven en ambientes húmedos, oscuros y donde hay material orgánico (comida). Este ambiente es ideal para el desarrollo de bacterias y hongos en su cuerpo, (por lo que son malolientes). Las cucarachas son uno de los insectos en que más especies de bacterias se han encontrado en su cuerpo. Entonces, si tocan nuestra comida le transfieren una gran cantidad de bacterias, que generan enfermedades estomacales. Algunas personas desarrollan alergia respiratoria y de la piel por estar expuestos constantemente a las cucarachas.

REPRODUCCIÓN

Las cucarachas colocan sus huevos en ootecas, en las cuales, dependiendo de la especie, pueden contener hasta 50 huevos. Cada hembra puede colocar 5 o 6 ootecas; por lo mismo, su velocidad de reproducción es muy alta.

MUY RESISTENTES

Algunas especies pueden vivir hasta un mes sin comida; otras pueden vivir 45 minutos sin aire y pueden enlentecer los latidos del corazón. Sin embargo, todas mueren después de una semana sin agua. Resisten 10 veces más radiación que otros seres vivos.

HÁBITAT

Generalmente, viven en lugares escondidos como grietas, bajo las piedras, madera en descomposición y bajo el suelo. Hay algunas que viven en el follaje de árboles o asociadas a flores. Les gustan los ambientes cálidos.

TERMITAS
ORDEN: BLATTODEA

Son insectos pequeños, algunos dicen que parecen hormigas blancas, pero en realidad no son parientes de ellas. Luego de muchos estudios, se llegó a la conclusión que las termitas son cucarachas eusociales y pertenecen su mismo orden. Fueron los primeros insectos en la Tierra en formar colonias, compuestas por cientos y hasta millones de individuos organizadas en castas especializadas. En algunas especies subterráneas sus nidos pueden abarcar más de cien metros de diámetro.

Reina

Rey

PAREJA REAL

Se encarga de la reproducción. El rey fecunda cada cierto tiempo a la reina que, en algunas especies, puede llegar a poner millones de huevos y su abdomen puede ser decenas de veces más grande que el resto de su cuerpo.

SOLDADOS

Son una casta especializada en la defensa del nido. Pueden tener una glándula en la cabeza por la que expulsan compuestos químicos para repeler a sus enemigos; o pueden tener grandes mandíbulas con las cuales destrozan a los intrusos; o pueden tener ambas. Hay soldados machos y hembras.

OBREROS

Pueden ser machos o hembras. Son los encargados de construir y mantener el nido, de cuidar a los juveniles y alimentar a los que no pueden hacerlo solos, como los soldados y la pareja real.

Tanto los soldados como las obreras son organismos ciegos que se comunican a través de olores y vibraciones.

Número de especies	3.100
Tamaño aproximado	5 a 22 mm
Metamorfosis	Hemimetábola
Hábitat	Terrestre
Alas	2 pares
Origen	Hace 170ma atrás
Diversificación	Hace 35ma atrás

ALADOS

En la época reproductiva se generan individuos alados que salen del nido para encontrar pareja y fundar una nueva colonia. Estos alados tienen 2 pares de alas iguales. Son los únicos que tienen la capacidad de ver hasta que se convierten en rey y reina. Después de un tiempo, se vuelven ciegos nuevamente.

ALIMENTO

Su principal alimento es la celulosa, un azúcar que se encuentra en la madera, que es digerida por microorganismos que viven en el intestino de las termitas. Sin embargo, otras especies de termitas cultivan hongos que realizan esta digestión.

IMPORTANCIA

Las termitas tienen fama de ser plaga y a muchos nos genera rechazo solo escuchar su nombre. Sin embargo, menos del 5% de las especies de termita son consideradas plaga. En general, ellas son muy importantes para el ecosistema, ya que ayudan a reciclar nutrientes al descomponer la materia orgánica. Sin ellas, nuestro planeta estaría con toneladas de basura. Las termitas subterráneas airean el suelo, mejorando la calidad de los cultivos. Algunas son fijadoras de nitrógeno, nutriente que es escaso en la naturaleza y que pocos organismos son capaces de producir.

NIDOS

Los nidos de termitas pueden ser subterráneos, estar sobre ramas de árboles (hechos con una mezcla de fecas, saliva y suelo), dentro de madera o sobre tierra (formando grandes estructuras de más de 5 metros de alto). Gracias a esta arquitectura de nido, ellas fueron las primeras en inventar el aire acondicionado y mantener la temperatura interna constante.

Nido en sobre tierra

Conectores laterales

Chimenea

Canales

Jardín de hongos

Galerías

Bodega

Nido en altura

Nido subterráneo

PULGONES, CIGARRAS, MEMBRÁCIDOS Y VINCHUCAS
ORDEN: HEMIPTERA

Este grupo es uno de los más diversos y numerosos. Incluye a los pulgones (Sternorrhyncha); cigarras y membrácidos (Auchenorrhyncha); y vinchucas (Heteroptera). Su nombre se debe a que la mayoría tiene sus **alas anteriores** (hemielitros) con una parte dura y otra membranosa. Tienen un aparato bucal chupador para succionar savia de las plantas o fluidos de animales; y sus patas están adaptadas para andar, saltar, agarrar e incluso nadar.

CIGARRAS
Las cigarras se caracterizan por un cuerpo robusto, cabeza ancha, alas membranosas y grandes ojos compuestos.

PULGONES
Los pulgones o áfidos son insectos que se alimentan principalmente de la savia de las plantas y por lo mismo son considerados una plaga para los cultivos. Tienen un par de **cornículos** en su abdomen por el cual exudan un fluido dulce (gotas de miel) que puede ser consumido por hormigas.

EL CANTO DE LAS CIGARRAS
Probablemente habrás escuchado el sonido de las cigarras en primavera o verano. Ellas emiten un sonido particular con unas membranas vibratorias ubicadas en el abdomen de los machos, que utilizan para atraer hembras o de alarma. El sonido es un continuo "taca-taca-taca" que lo pueden repetir por varios minutos.

REPRODUCCIÓN
Durante el verano, las hembras de los áfidos se reproducen asexualmente por un proceso llamado partenogénesis y tienen crías vivas. En invierno buscan pareja y se reproducen sexualmente a través de huevos. Durante la reproducción asexual, las hembras contienen hasta 3 generaciones, es decir, una madre tiene a su hija y dentro de ella a su nieta, lo que se denomina reproducción telescópica.

BAJO TIERRA
Una de las características más notables de las cigarras es que pueden tardar hasta de 17 años en transformarse en adultos desde que son huevos, para luego vivir solo unos pocos días, en los que se reproducen.

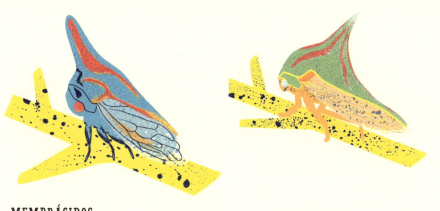

MEMBRÁCIDOS

Los membrácidos son uno de los grupos de insectos morfológicamente más diversos. Esto se debe a que una de sus principales características es su pronoto (parte del tórax más cerca de la cabeza), que tiene múltiples formas y colores. Pueden tener forma de cacho, de hoja, incluso la forma de otros animales. Se cree que es para camuflarse o asustar a depredadores. Una de sus principales formas de comunicación es con vibraciones a través de la planta donde viven.

VINCHUCAS

Son heterópteras que puedes encontrar en sectores rurales o casas de campo. Ellas son hematófagas: consumen sangre y pueden aumentar en varias veces el volumen de su cuerpo una vez que han succionado la sangre de su víctima.

ENFERMEDAD DE CHAGAS

Algunas vinchucas son vectores de la "Enfermedad de Chagas". Esta enfermedad es causada por un parásito llamado *Trypanosoma cruzi* que vive en el interior de la vinchuca. Una vez que la vinchuca pica a su víctima, deposita sus fecas con el parásito al lado de la herida. El parásito entra al cuerpo de la víctima al rascarse la herida.

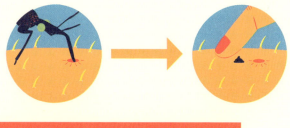

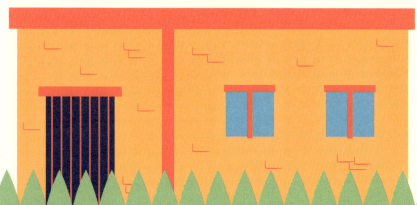

Número de especies	100.000
Tamaño aproximado	1 a 130 mm
Metamorfosis	Hemimetábola
Hábitat	Terrestre
Alas	2 pares cortas, largas o ausentes
Origen	Hace 275ma atrás
Diversificación	Hace 80ma atrás

ESCARABAJOS, MARIQUITAS Y LUCIÉRNAGAS
ORDEN: COLEOPTERA

Este es uno de los grupos más numerosos de la Tierra. Incluye unas 350.000 especies que representan cerca del 25% de los seres vivos presentes en nuestro planeta. Es decir, de cada cuatro especies animal o planta, ¡una es un coleóptero! De hecho, si pudiésemos definir a nuestro planeta según el grupo más numeroso que existe, diríamos que este es el planeta de los coleópteros. Son muy hermosos y vistosos, tanto por su forma como por su variedad de colores.

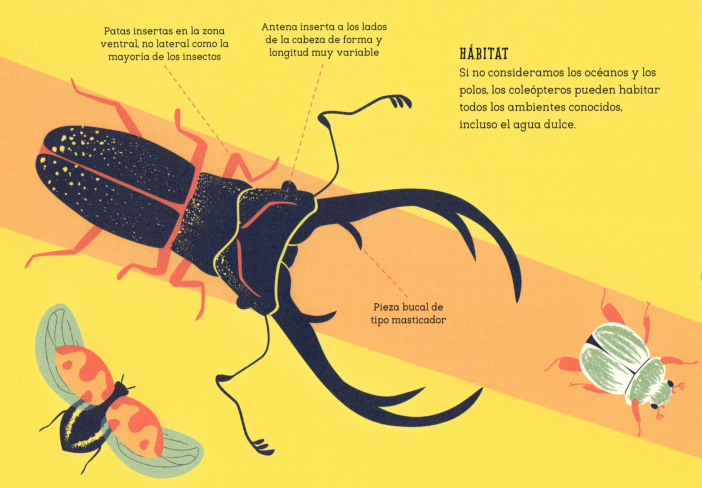

Patas insertas en la zona ventral, no lateral como la mayoría de los insectos

Antena inserta a los lados de la cabeza de forma y longitud muy variable

Pieza bucal de tipo masticador

HÁBITAT

Si no consideramos los océanos y los polos, los coleópteros pueden habitar todos los ambientes conocidos, incluso el agua dulce.

ALAS

La palabra coleóptero viene del griego y significa "alas en un estuche". Hace referencia a que sus alas anteriores, llamadas élitros, están endurecidas y protegen el resto del cuerpo como si fuera una coraza. La mayoría de los coleópteros tienen la capacidad de volar: levantan sus alas duras y permiten que salgan sus alas membranosas. Sin embargo, algunos coleópteros tienen sus élitros fusionados y no poseen la capacidad de volar.

ESCARABAJO BOMBARDERO

Este escarabajo tiene dos cámaras dentro de su cuerpo: una con peróxido de hidrógeno y otra con hidroquinona. Cuando lo atacan, mezcla ambos compuestos y forma un líquido irritante, que alcanza los 100°C y lo lanza a su atacante. Luego de irritarlo, el líquido se evapora y forma un gas que deja temporalmente ciego al atacante.

Número de especies	355.000
Tamaño aproximado	0.3 a 170 mm
Metamorfosis	Holometábola
Hábitat	Terrestre-Acuático
Alas	2 pares esclerozados y 2 membranosas
Origen	Hace 230ma atrás
Diversificación	Hace 160ma atrás

LUCIÉRNAGAS

Son muy conocidas porque generan luz en su abdomen para atraer a su pareja. Esta luz puede seguir distintos patrones de apagado y encendido que les sirven de comunicación como si fuera un código Morse de luz.

ALIMENTACIÓN

Las larvas de los coleópteros se alimentan de hojas o hacen hoyos devorando la madera. Son muy voraces. Los adultos se alimentan de cadáveres, hojas, polen, flores, hongos, raíces o madera. Son escasos los coleópteros parásitos y no existen coleópteros hematófagos. Las mariquitas o chinitas son depredadoras, se alimentan de áfidos y son utilizadas como controladores naturales de esas plagas.

ESCARABAJO DEL ESTIÉRCOL

Este escarabajo utiliza hojas y material en descomposición para formar una gran bola unida con fecas. Dentro, la hembra coloca sus huevos. Las larvas se alimentarán de la bola desde adentro hacia afuera y sus padres la irán reponiendo con más material según se vaya consumiendo.

ESCARABAJO BUCEADOR

El escarabajo buceador puede sumergirse en el agua. Para esto mantiene una burbuja de aire debajo de sus élitros y respira a través del abdomen.

ESCARABAJO RINOCERONTE

El escarabajo rinoceronte tiene un gran cuerno que utiliza principalmente para atraer hembras y pelear con otros machos. Puede llegar a los 13 cm y se cree que en proporción a su tamaño es el animal más fuerte que existe, pudiendo cargar más de 850 veces su propio peso.

MOSCAS, MOSQUITOS Y TÁBANOS
ORDEN: DIPTERA

Están representados por más de 150.000 especies distribuidas en todo el mundo, incluso en el continente Antártico. Son individuos pequeños, de cuerpo blando, con una cabeza bien articulada y con grandes ojos compuestos, que le permiten tener una visión amplia de su entorno. Sus piezas bucales son picadoras, adaptadas para perforar (como en el caso de los tábanos y mosquitos); o succionadoras, con las cuales escupen enzimas que licuarán lo que luego se comerán, absorbiéndolo (como las moscas).

MOSCA COMÚN

Tiene un par de ojos compuestos formado por unos 4.000 lentes individuales. Sin embargo, no pueden ver el color rojo. Una hembra puede colocar entre 600 y 1.000 huevos en su vida. Además, en su cuerpo puede llevar gérmenes que pueden causar más de 40 enfermedades.

OVIPOSICIÓN

Las hembras tienen receptores que les permiten saber si el lugar es bueno para poner sus huevos.

ALAS

Poseen dos pares (de ahí el nombre del orden –Diptera– que significa "dos alas"). Un par está compuesto de alas membranosas y el otro de alas casi inexistentes o muy reducidas. Estas últimas –llamadas halterios– les permiten dar cambios repentinos de dirección y ser muy hábiles para volar.

REPRODUCCIÓN

La mayoría se reproduce por huevos, y las larvas están presentes en todos los hábitats. Colocan sus huevos sobre el sustrato donde se van a desarrollar sus larvas: puede ser en agua dulce, salada de mar, cadáveres, material en descomposición, partes de plantas o animales, en suelo, etc.

DAÑOS ECONÓMICOS

Pueden afectar negativamente las actividades económicas al infectar productos agrícolas, como el caso de la mosca de la fruta que genera muchas pérdidas en los cultivos.

Número de especies	154.000
Tamaño aproximado	0,5 a 60 mm
Metamorfosis	Holometábola
Hábitat	Terrestre-acuático
Alas	1 par membranosa y 1 par reducida
Origen	Hace 250ma atrás
Diversificación	Hace 210ma atrás

VECTORES

Los dípteros tienen importancia médica, ya que son vectores de transmisión de muchas enfermedades que llevan en su cuerpo (moscas) o que transmiten a otros a través de sus picaduras (mosquitos), como el dengue, fiebre amarilla y la malaria, entre otras enfermedades.

Dengue   Fiebre amarilla   Malaria

CORTEJO

El cortejo y la reproducción es casi siempre en el aire. A veces no es un simple vuelo, sino una danza muy elaborada.

LO BUENO DE LOS DÍPTEROS

No todo es malo en este grupo: algunas especies son bioindicadores de la calidad del agua, al vivir solo en ambientes limpios. También el estudio de la mosca *Drosophila melanogaster* ha contribuido a grandes avances en la ciencia de la genética, la neurobiología y la evolución. Otras especies son controladoras de plagas al alimentarse de los huevos o larvas de insectos, y otras son polinizadoras.

DISFRAZ

Muchos dípteros se mimetizan con abejas, avispas u hormigas porque les da protección contra los depredadores.

DIVERSIFICACIÓN

Su mayor diversificación fue durante el Jurásico, hace unos 150 millones de años atrás, junto con las plantas con flores y los mamíferos.

PIOJOS
ORDEN: PHTHIRAPTERA

Pican, pican, pican... con "p" de piojos... son insectos que nos hacen sentir incómodos y nos hacen pasar grandes vergüenzas. El orden Phthiraptera comprende a los piojos y ladillas (piojos del pubis) con unas 5.000 especies. Los piojos miden de 0,3 a 12 mm de longitud y tienen patas que les permiten aferrarse a los pelos y plumas. Son aplanados con una boca adaptada para chupar y morder. Los primeros piojos eran especialistas en alimentarse de piel o plumas y luego se fueron especializando en beber fluidos y succionar sangre.

PARÁSITOS

Son ectoparásitos (parásitos fuera del cuerpo) muy específicos de su hospedero. El 85% vive en las aves y el restante 15% está presente en muchos mamíferos, como nosotros los humanos. Son parásitos obligados, no viven más de 5 días fuera de su hospedero.

ESPECIALISTAS

Una madre piojo puede poner unos 8 huevos al día, que se demoran un par de semanas en convertirse en adulto. Permanecen en el mismo individuo un mes hasta morir, o pueden pasar a otro individuo a través de un contacto físico directo, por la ropa o artículos personales infectados (como cepillos para el pelo). Los piojos son especialistas en cierto tipo de cabello. Así, por ejemplo, los que están presentes en la zona genital no se sentirán cómodos en el cuero cabelludo.

VECTORES DE TIFUS

El fracaso de las tropas de Napoleón Bonaparte cuando invadió Rusia se relaciona con una epidemia de piojos entre sus soldados. Esto, potenciado con la mala nutrición, generó un brote de Tifus.

PATAS

Sus patas están adaptadas para el desplazamiento con rapidez a través del pelo.

EGIPCIOS CALVOS

Otro hecho histórico interesante es que los egipcios se afeitaban completamente su cabeza para controlar a los piojos y muchos de ellos solo usaban pelucas, lo cual era un signo de importancia.

HUEVOS

Los huevos de los piojos se llaman "liendres" y los pone la madre pegados a pelos y plumas.

Número de especies	5.000
Tamaño aproximado	0,3 a 12 mm
Metamorfosis	Hemimetábola
Hábitat	Ectoparásitos de aves y mamíferos
Alas	Ausentes
Origen	Hace 140ma atrás
Diversificación	Hace 50ma atrás

PULGAS
ORDEN: SIPHONAPTERA

Las pulgas son insectos parásitos. Tanto las larvas como los adultos pasan toda la vida en la superficie de su **hospedero** (un animal vertebrado). Su nombre se debe a sus piezas bucales, que son como un sifón.

CARACTERÍSTICAS

Las pulgas son ápteros (no tienen alas). Sus ojos son simples (ocelos), no poseen ojos compuestos. Sus piezas bucales poseen adaptaciones que les permiten succionar sangre y el 90% de las especies está asociada a mamíferos, especialmente roedores, el resto está asociado a pájaros.

HOSPEDEROS TEMPORALES

A diferencia de los piojos, las pulgas pueden utilizar varios hospederos durante su vida. La mayoría vive alrededor de 1 mes, pero hay especies que pueden vivir más de un año si tienen comida disponible. También pueden ser vectores de enfermedades, como el Tifus y la peste negra.

GRANDES SALTOS

Un dato interesante es que las pulgas pueden saltar distancias tan largas como 200 veces el tamaño de su cuerpo utilizando sus patas traseras como si fueran un resorte. Imagina si nosotros pudiésemos avanzar más de 300 metros (unas 3 cuadras) de un solo salto.

ORIGEN

Existe un debate acerca del origen de este orden, porque se sabe que ya estaban presentes en el Mioceno, hace unos 25 Ma atrás. Sin embargo, algunos postulan que pueden haber surgido en el Cretácico temprano, hace unos 150 Ma atrás.

Número de especies	2.500
Tamaño aproximado	0,5 a 8 mm
Metamorfosis	Holometábola
Hábitat	Ectoparásitos de aves y mamíferos
Alas	Ausentes
Origen	Hace 120ma atrás
Diversificación	Hace 60ma atrás

MARIPOSAS Y POLILLAS
ORDEN: LEPIDOPTERA

Probablemente es uno de los grupos de insectos más hermosos y llamativos que existen ¿Quién no se ha maravillado con las grandes y coloridas alas de una mariposa? ¿Quién no ha visto a las polillas revoloteando alrededor de una luz al aire libre? Sus alas son una de las características más notorias: están cubiertas por cientos o incluso miles de escamas, que son pelos modificados (de ahí su nombre "alas con escamas").

Espirotrompa

ALIMENTACIÓN

Las mariposas adultas se alimentan del néctar de las flores. Para esto tienen una espirotrompa, una especie de bombilla enroscada que estiran para llegar al fondo de la flor, desde donde pueden succionar el néctar. Entre más profunda sea la flor, más larga deberá ser la espirotrompa.

MIGRACIONES

Algunas pueden viajar grandes distancias. Un ejemplo es la mariposa monarca del norte que permanece gran parte del año entre Estados Unidos y Canadá. La generación que sale en otoño es la generación migratoria que vuela hasta México, recorriendo unos 5.000 kilómetros de ida y 5.000 de vuelta durante la misma generación.

Número de especies	250.000
Tamaño aproximado	4 a 320 mm
Metamorfosis	Holometábola
Hábitat	Terrestre-aéreo
Alas	2 pares con escamas
Origen	Hace 180ma atrás
Diversificación	Hace 60ma atrás

ORUGAS

Son las larvas de lepidópteros y, en general, tienen colores llamativos, lo que les permite camuflarse con su medio o bien advertir a sus potenciales depredadores que no son sabrosas. Su cabeza es muy esclerosada, al igual que sus partes bucales, que utiliza para comer hojas y tallos de forma voraz. Prácticamente lo único que hacen durante este período es acumular nutrientes para luego transformarse en mariposa.

VORACES

El impacto económico y las grandes pérdidas en la agricultura generadas por los lepidópteros se deben precisamente a la voracidad de sus orugas.

¿MARIPOSA O POLILLA?

Esta es una pregunta difícil de responder, ya que algunas que eran consideradas polillas ahora son clasificadas como mariposas y vice-versa. Sin embargo, hay ciertas características que nos pueden ayudar a diferenciarlas:

MARIPOSAS
Hábitos diurnos

Antenas filamentosas y lobuladas

Alas coloridas y desplegadas

Se alimentan de néctar y polen

Se comunican con estímulos visuales

Cuerpo delgado

POLILLAS
Hábitos nocturnos

Antenas con forma de pluma

Se alimentan de granos o reservas de oruga

Alas opacas y plegadas

Cuerpo ancho

Se comunican con señales químicas

ORIGEN

Los **fósiles** más antiguos de lepidópteras provienen del Jurásico temprano, hace unos 200ma. Se cree que se alimentaban de esporas. Su mayor diversificación fue durante el Cretácico temprano, hace unos 140ma junto con la aparición de las plantas con flores.

MARIPOSA DEL CHAGUAL

La Mariposa del Chagual, que es la más grande que existe en Chile, pertenece al grupo de las polillas, pero tiene hábitos diurnos, como las mariposas.

ABEJAS
ORDEN: HYMENOPTERA

El orden Hymenoptera incluye a las avispas, hormigas y abejas. Su nombre significa "alas membranosas". Existen unas 20.000 especies de abejas en el mundo y viven asociadas a ambientes donde hay flores. A pesar de la diversidad de formas que tiene este grupo de insectos, la mayor atención de los científicos está en los niveles de organización social; existen abejas solitarias y otras altamente sociales o eusociales. Las abejas se caracterizan por tener un órgano como una lengua, en forma de tubo (proboscis), para obtener néctar de las flores.

Polen

POLINIZADORAS

Las abejas y las flores tienen una relación cercana y de mutualismo: se ayudan entre si. Cuando las abejas llegan a una flor el polen se pega a los pelos de su cuerpo y se acumula en sus patas traseras mientras ella consume el néctar. Cuando visita otra flor, sin darse cuenta traspasa parte del polen de su cuerpo a los órganos femeninos de esta nueva flor, permitiendo la polinización. La abeja no consumirá el polen de inmediato, sino que lo "guarda" como alimento de reserva para aquellas que no salen de la colonia, para sus hermanas y para cuando hay escasez.

GRAN IMPORTANCIA

Además de la deliciosa miel que elaboran, las abejas ayudan a que muchas plantas con flores se reproduzcan y generen frutos que consumimos los seres vivos. Si las abejas desaparecen del planeta, las plantas con flores dejaran de reproducirse y, por lo tanto, muchas especies de plantas se extinguirán. Si se acaban, muchos animales herbívoros también dejarán de existir y, luego, en un plazo de unos pocos años, nosotros también. Hay una gran preocupación a nivel mundial por un fenómeno que aún no se entiende del todo bien: el "Trastorno de colapso de colmenas", que se refiere a una sostenida disminución del número de colonias de la abeja de la miel en el mundo.

ABEJAS SOLITARIAS

Un tipo de abeja solitaria construye sus galerías en el suelo o dentro de troncos de madera. Ahí coloca sus huevos sobre una masa de polen, que le servirá a la larva para alimentarse hasta que se convierta en abeja adulta. La madre abeja coloca muchos de estos huevos en celdas individuales separadas por tabiques entre sí. No producen cera ni miel.

Número de especies	20.000
Tamaño aproximado	2 a 40 mm
Metamorfosis	Holometábola
Hábitat	Terrestre-aéreo
Alas	2 pares
Origen	Hace 120ma atrás
Diversificación	Hace 60ma atrás

REINA

Hay una reina por colmena y es la encargada de poner los huevos.

OBRERAS

Corresponden al 75% de la colonia y son hembras. Están encargadas de traer alimento, proteger y limpiar la colmena y alimentar al resto.

ZÁNGANOS

Los zánganos corresponden aproximadamente al 25% de la colmena y su función es fecundar a la reina. Se necesitan alrededor de 8 a 12 zánganos para realizar esta tarea. Cuando no están en período de reproducción, las obreras los expulsan o no los alimentan.

ABEJAS SOCIALES

Las abejas sociales viven en colonias que llegan a tener millones de individuos. Sus sociedades se organizan en castas que cumplen distintas funciones dentro de las colonias como la reina, las obreras y los zánganos.

LA DANZA DE LAS ABEJAS

Cuando una abeja melífera (productora de miel) encuentra flores, alerta a sus compañeras con una danza en forma de 8 que indica la dirección y la distancia de la colonia.

MIEL

La miel es el alimento de reserva de las abejas para los meses donde no tendrán acceso a polen. Esta miel es además consumida por nosotros. Para un kilo de miel se necesitan aproximadamente 2.500 abejas trabajando, y que cada una saque el néctar de alrededor de 4.000 flores.

HORMIGAS
ORDEN: HYMENOPTERA

Las hormigas comprenden unas 14.000 especies de la familia Formicidae y todas ellas son eusociales. Se dividen el trabajo, la reproducción, el cuidado de las crías y la colonia. El ciclo de vida comienza cuando una hormiga alada abandona un nido, se aparea con un macho, pierde sus alas y busca un lugar para anidar.

REINA
Puede haber una o más reinas y, en ciertas especies, incluso las obreras se reproducen. Algunas reinas ponen hasta 1.200 huevos al día.

SOLDADO
Son las más grandes y fuertes de la colonia. En las especies cosechadoras, abren las semillas. En las especies cortadoras de hojas, atraviesan las plantas más gruesas. Siempre son la primera línea de defensa.

OBRERAS
Mantienen y cuidan el nido y la colmena.

ALIMENTACIÓN
Son insectos omnívoros. Según la especie varía el tipo de dieta: cazadoras recolectoras, agricultoras, carroñeras o caníbales. Comen lo que encuentran para asegurar su supervivencia.
Regurgitan la comida que han guardado en su buche y así alimentan a las larvas y a otros adultos.

MACHO
Son hormigas voladoras reproductoras. Vuelan el mismo día que las hembras para aparearse en un vuelo nupcial. Luego mueren.

HORMIGAS INVASORAS
La hormiga argentina (*Linepithema humile*) puede atacar y destruir colonias de especies nativas y extenderse por más de 6.000 kilómetros.

Reina

Soldado

Obrera   Macho

COMUNICACIÓN
Usan compuestos químicos para comunicarse, ya que perciben muy bien los olores con sus delgadas antenas. Dejan rastro de dónde está la comida y de cuál es el camino de regreso, también si alguien las está atacando e, incluso, pueden usar compuestos químicos para confundir a sus enemigos, hacer que peleen entre sí o para reconocer su propia colonia.

Número de especies	14.000
Tamaño aproximado	0.75 a 50 mm
Metamorfosis	Holometábola
Hábitat	Terrestre-aéreo
Alas	2 pares
Origen	Hace 150ma atrás
Diversificación	Hace 70ma atrás

MANDÍBULAS FANTÁSTICAS

Con sus mandíbulas pueden levantar hasta 100 veces su peso. Las usan para picar el alimento, transportar materiales, edificar, defenderse y luchar contra enemigos.

NIDOS

Algunas hacen nidos permanentes y otras son nómadas. Otras construyen sus nidos bajo tierra y excavan profundas galerías con cámaras laterales que utilizan para guardar alimentos o desperdicios, para la crianza, para la reina, o para evitar inundaciones en períodos de lluvias. También hay hormigas que construyen sus nidos en árboles.

HORMIGAS GUERRERAS O MARABUNTAS

Son nómadas y existen más de 200 especies diferentes. Se trasladan con sus huevos, larvas y pupas por la selva cada dos semanas, arrasando con todo lo que puedan comer a su paso. Son agresivas y muy organizadas. Si encuentran una dificultad, como cruzar un charco de agua, algunas se unen y forman una "balsa viviente", sobre la cual las otras cruzan. Las que formaron esta "balsa viviente" mueren; esto permite que la colonia prevalezca.

MUTUALISMO

Las hormigas *Crematogaster* tienen una relación de mutualismo con algunos árboles (Macaranga). Sacan la comida y nidifican en sus ramas huecas. A cambio, el árbol obtiene una eficaz defensa contra herbívoros.
Las especies del género *Atta* y *Acronomirmex* (cortadoras de hojas) llevan hojas a sus nidos y cultivan hongos. Luego se alimentan de los frutos de estos hongos.

AVISPAS
ORDEN: HYMENOPTERA

Normalmente llamamos avispas a todos los himenópteros que no son hormigas o abejas. Sin embargo, las avispas verdaderas pertenecen a la familia Vespidae, con unas 5.000 especies descritas. Se caracterizan por tener dos pares de alas, las anteriores de mayor tamaño que las posteriores y unidas entre sí. Otra característica es que los primeros segmentos del abdomen son muy estrechos dándoles esa apariencia "acinturada". En general, son de color negro, aunque algunas especies tienen color amarillo o rojo. Tienen pocos pelos en su cuerpo.

NIDOS

Hay avispas eusociales y solitarias. Los nidos de las eusociales están construidos con material vegetal y sus propias secreciones. Son celdas hexagonales dispuestas una al lado de la otra con una larva cada una. Este ramillete de celdas están unidos en la base y cuelgan como un péndulo. La mayor parte de las avispas solitarias no construyen nido, pero las que lo hacen excavan nidos en el suelo y otras los construyen con barro.

AVISPA DEL HIGO

Las diminutas avispas de la familia Agaonidae son las únicas polinizadoras de los higos, por lo que son fundamentales para su supervivencia. Ellas ponen sus huevos dentro de la flor del higo. Cuando nacen y salen del higo arrastran el polen y permiten que las flores se polinicen y maduren, convirtiéndose en frutas.

Número de especies	110.000
Tamaño aproximado	0.25 a 70 mm
Metamorfosis	Holometábola
Hábitat	Terrestre-aéreo
Alas	2 pares
Origen	Hace 230ma atrás
Diversificación	Hace 135ma atrás

DOLOROSAS PICADURAS

Las avispas muerden con su mandíbula y pican con su aguijón, con el cual inyectan veneno que genera dolor y reacciones alérgicas. Las avispas no mueren despúes de picar (contrario a las abejas), por lo tanto pueden hacerlo varias veces. Tanto en abejas como en avispas, solo las hembras poseen aguijón.

CAZADORAS

Las avispas son cazadoras y atrapan a otros insectos y/o arañas. Los paralizan utilizando su aguijón con veneno y los llevan a sus nidos para su hambrienta progenie. Por esto son muy buenas para el control de plagas. No se comen los cultivos.

ALIMENTACIÓN

Se alimentan de una variedad de frutos caídos, néctar, carroña, otros insectos y, también, de la miel o crías de otras colonias.

PARASITOIDE

Hay avispas que usan al huésped solo para poner sus huevos. Por ejemplo, la especie **parasitoide** *Aphidius ervi,* utiliza áfidos o pulgones. La hembra de esta especie selecciona un áfido y le inyecta un huevo dentro de él sin matarlo. Del huevo sale una larva que consume al áfido por dentro y lo mata lentamente. Luego la larva se convierte en pupa y genera una secreción con que tapiza internamente al áfido sin llegar a romper su exoesqueleto (formando una "momia"). Al cabo de unos días nace el adulto haciendo un orificio para salir.

GLOSARIO

Alas anteriores: par de alas que se encuentran en el mesotórax.

Alas posteriores: par de alas que se encuentran en el metatórax.

Año luz: es una medida de longitud que equivale a la distancia que recorre la luz durante un año.

Archaea: es un Dominio que agrupa a organismos unicelulares similares a las bacterias. Se caracterizan por vivir en ambientes extremos (extremófilos) y son uno de los primeros organismos que habitaron la Tierra.

Bacteria: es un Dominio que agrupa a organismos unicelulares sin núcleo ni otros compartimentos membranosos dentro de ellas.

Camuflaje: conjunto de colores de un animal que, en un determinado ambiente, lo ayudan a pasar desapercibido frente a otros animales.

Capullo: es una capa protectora construida por un organismo al entrar a la fase de pupa.

Categoría taxonómica: es una agrupación jerárquica de organismos que comparten ciertas características, donde grupos más grandes o de mayor categoría incluyen a otros grupos más pequeños o de menor categoría.

Compuestos cuticulares: compuestos químicos, principalmente largas cadenas de carbono e hidrógeno, que se encuentran en la capa más externa del exoesqueleto.

Corniculos: es una estructura móvil con forma de cuerno presente en el sexto segmento del abdomen de los áfidos por donde expulsa un fluido dulce.

Depredador: individuo que caza y se alimenta de otros animales.

Dimorfismo sexual: diferencia morfológica distinguible entre el macho y la hembra de una especie.

Diplura: es una clase de artrópodo pariente muy cercano a los insectos que en conjunto forman el subfilo Hexapoda. Se caracterizan por tener dos cercos al final de su cuerpo.

Dominio: es la categoría taxonómica más amplia que existe. Actualmente todos los seres vivos se agrupan en uno de estos tres dominios: Archaea, Bacteria o Eukarya.

Eclosionar: nacer de un huevo.

Ectotermos: organismos cuya temperatura corporal es la del ambiente.

Élitros: par de alas modificadas y quitinizadas características de coleópteros, cuya función principal es proteger las partes blandas del cuerpo y como camuflaje.

Entomología: rama de la ciencia que se dedica al estudio de los insectos. En ocasiones también se dedica al estudio de otros artrópodos como las arañas.

Entomología forense: rama que fusiona entomología y criminalística, que entrega pruebas científicas que ayudan a resolver casos legales.

Espermatóforo: estructura que contiene espermios entregada por los machos a las hembras, para fecundar sus huevos.

Eukarya: es un Dominio que incluye desde organismos unicelulares a multicelulares, cuyas células poseen núcleos y organelos membranosos.

Eusociales: máximo nivel de organización social donde hay división de la labor reproductiva, solapamiento de generaciones adultas y cuidado cooperativo de la descendencia.

- **Extinción**: desaparición de una especie.

- **Filogenia**: relación genealógica entre especies o grupos de especies.

- **Fitófagos**: animales que se alimentan de plantas vivas o partes de ellas.

- **Fósil**: impresiones o restos de organismos de tiempos geológicos pasados.

- **Halterios**: también llamados "balancines", son un par de alas muy pequeñas presentes en el metatórax de dípteros, que les permiten hacer complicadas maniobras al volar.

- **Hemolinfa**: fluido en invertebrados equivalente a la sangre de los vertebrados.

- **Hexapoda**: es un subfilo dentro del filo Arthropoda que incluye a los insectos y a otros organismos con 6 patas.

- **Hospedero**: es un organismo que alberga a otro organismo comúnmente denominado parásito o parasitoide.

- **Larva**: es el organismo inmaduro que eclosiona de un huevo en organismos holometábolos.

- **Metamorfosis**: conjunto de cambios que experimenta un organismo desde que es larva hasta adulto.

- **Mesotórax**: de los tres segmentos del tórax, es el que se encuentra al medio. Tiene un par de patas y en algunas ocasiones un par de alas.

- **Metatórax**: es el segmento posterior del tórax (más alejado de la cabeza). Tiene un par de patas y en algunas ocasiones un par de alas.

- **Mimetismo**: es el parecido en color y/o forma de una especie a otra especie que es de mal sabor o venenosa para un depredador en común.

- **Mudas**: es el cambio de piel o exoesqueleto entre un estado y otro en insectos y algunos reptiles.

- **Ninfa**: estado inmaduro en insectos hemimetábolos antes de convertirse en adultos.

- **Ocelos**: un ojo simple presente en muchos invertebrados, comúnmente capaz de distinguir luz y sombra.

- **Ojo compuesto**: conjunto de muchos lentes individuales (omatidios) que forman un ojo.

- **Omnívoros**: individuos que se alimentan tanto de plantas como de animales.

- **Ooteca**: estructura que contiene un conjunto de huevos.

- **Parásito**: organismo que vive dentro o a expensas de otro organismo, sin llegar a matarlo.

- **Parasitoide**: organismo que vive dentro o a expensas de otro organismo hasta matarlo.

- **Partenogénesis**: tipo de reproducción sexual donde una hembra produce un huevo sin la fertilización del macho.

- **Phylum**: categoría taxonómica que se encuentra entre el Reino y la Clase.

- **Polinización**: proceso por el cual un insecto transfiere polen desde los estambres de una flor a los estigmas de otra flor (polinización cruzada) o a la misma flor (autopolinización).

- **Pronoto**: esclerito o estructura dorsal (de arriba) del protórax.

- **Protórax**: primer segmento (más cercano a la cabeza) del tórax.

- **Pupa**: estado mediante el cual una larva de insecto se convierte en adulto.

Quitina: es un carbohidrato, un azúcar, y es el principal componente del exoesqueleto de hongos y artrópodos.

Rasgos: cualquier característica o propiedad de un organismo. Podría ser genética, morfológica, fisiológica, conductual, etc.

Reino: categoría taxonómica que, jerárquicamente, se encuentra entre el Dominio y el Phylum.

Reproducción asexual: es un tipo de reproducción donde no hay unión de gametos (óvulo y espermio) de distintos individuos.

Reproducción telescópica: se refiere a la presencia inclusiva de más de una generación dentro de una madre. Es decir, la madre tiene en su interior a su hija y, a su vez, a su nieta.

Riqueza de especies: número de especies que viven en un determinado lugar.

Segmentos: es una parte o subdivisión de un cuerpo que está unido por articulaciones, las cuales, a su vez, pueden ser rígidas o móviles.

Solitarios: especies cuyos individuos se reúnen solo para reproducirse.

Taxonomía: descripción y clasificación de organismos según sus características comunes.

Territorial: conducta con la cual un individuo, generalmente un macho, mantiene el dominio de su territorio.

Tiempo de diversificación: en este libro nos referiremos al momento desde el cual se comenzaron a formar las especies del grupo y éste se estableció como tal. El grupo puede ser de distintas categorías taxonómicas superiores a la especie.

Tiempo de origen: en este libro nos referiremos al momento donde los científicos estiman que se originó el grupo. Es el punto donde está el ancestro común entre el grupo de interés con el grupo más cercano.

Vector: organismo que transporta y transmite microorganismos patógenos desde un hospedero a otro.

CICLO DE VIDA DE LOS AUTORES

DANIEL AGUILERA-OLIVARES / HOLOMETÁBOLO

Sus atípicos padres realizaron la danza nupcial en el crudo invierno del año 1981. Así eclosionó, luego de nueve calurosos meses dentro de un huevo, en otoño del año 1982 en la ciudad de Quillota, Región de Valparaíso, Chile. Sus estados larvales los vivió rodeado de campo en la comuna de Nogales, lo que determinó su curiosidad y pasión por la naturaleza. Su estado de pupa lo desarrolló en Santiago de Chile donde su pasión e impronta larval lo llevaron a graduarse de Licenciado en Ciencias con mención en Biología y de Doctor en Ecología y Biología Evolutiva, en la Universidad de Chile. Una vez adulto, desarrolló alas y emigró a Estados Unidos donde se aventuró en un Postdoctorado. Ahora perdió sus alas y es académico de la Universidad de Concepción, Chile.

ITZA MATURANA / HEMIMETÁBOLA

Fue engendrada por padres diploides durante la época de apareamiento de la primavera de 1989. Hibernó durante nueve meses dentro de una ooteca para sobrevivir la estación fría, después de la cual vio los primeros rayos del sol en Santiago de Chile en el 1990. Filopátrica por herencia, ha desarrollado todos sus estados ninfales en el mismo lugar que nació. Su creatividad innata la llevó a estudiar Diseño en la Pontificia Universidad Católica de Chile, para luego realizar un diplomado en Ilustración y Narrativa Autobiográfica. Durante su adultez decidió emprender un viaje migratorio de ida y vuelta a Barcelona para recibir actualizados conocimientos en lo que le apasiona. Este libro es el primer producto de esa pasión.

REFERENCIAS

- Beutel RG, Friedrich F, Ge S-Q, Yang X-K (2014) Insect Morphology and Phylogeny. Walter de Gruyter GmbH.
- Capinera JL (2008) Encyclopedia of entomology. Segunda edición. Springer.
- Evangelista DA et al. (2019) An integrative phylogenomic approach illuminates the evolutionary history of cockroaches and termites (Blattodea). Proc. R. Soc. B. 286: 20182076. https://doi.org/10.1098/rspb.2018.2076
- Foottit G, Adler PH (2018) Insect Biodiversity, Science and Society (Vol. II). John Wiley & Sons Ltd.
- Gillott C (2005) Entomology. Tercera edición. Springer.
- Grimaldi D, Engel MS (2005) Evolution of the Insects. Cambridge University Press.
- Gullan PJ, Cranston PS (2014) The insects: An Outline of Entomology. Quinta edición. John Wiley & Sons Ltd.
- Hansel M (2007) Built by Animals: The Natural History of Animal Architecture. Oxford University Press.
- Hickman CP Jr, Roberts LS, Larson A (2001) Integrated Principles of Zoology. Onceava edición. McGraw-Hill.
- Maggenti MA, Maggenti AR, Gardner SL (2008) Dictionary of Invertebrate Zoology. Zea E-Books. 61. https://doi:10.13014/K2DR2SN5.
- Michener CD (2007) Bees of the World. Segunda edición. The Johns Hopkins University Press.
- Miller SA, Harley JP (2001) Zoology. Quinta edición. McGraw-Hill.
- Misof B et al. (2014) Phylogenomics resolves the timing and pattern of insect evolution. Science 346: 763-767. https://doi.org/10.1126/science.1257570.
- Resh VH, Cardé RT (2009) Encyclopedia of Insects. Segunda edición. Elsevier, Inc.
- Song H et al. (2020) Phylogenomic analysis sheds light on the evolutionary pathways towards acoustic communication in Orthoptera. Nat. commun. 11:4939 https://doi.org/10.1038/s41467-020-18739-4.

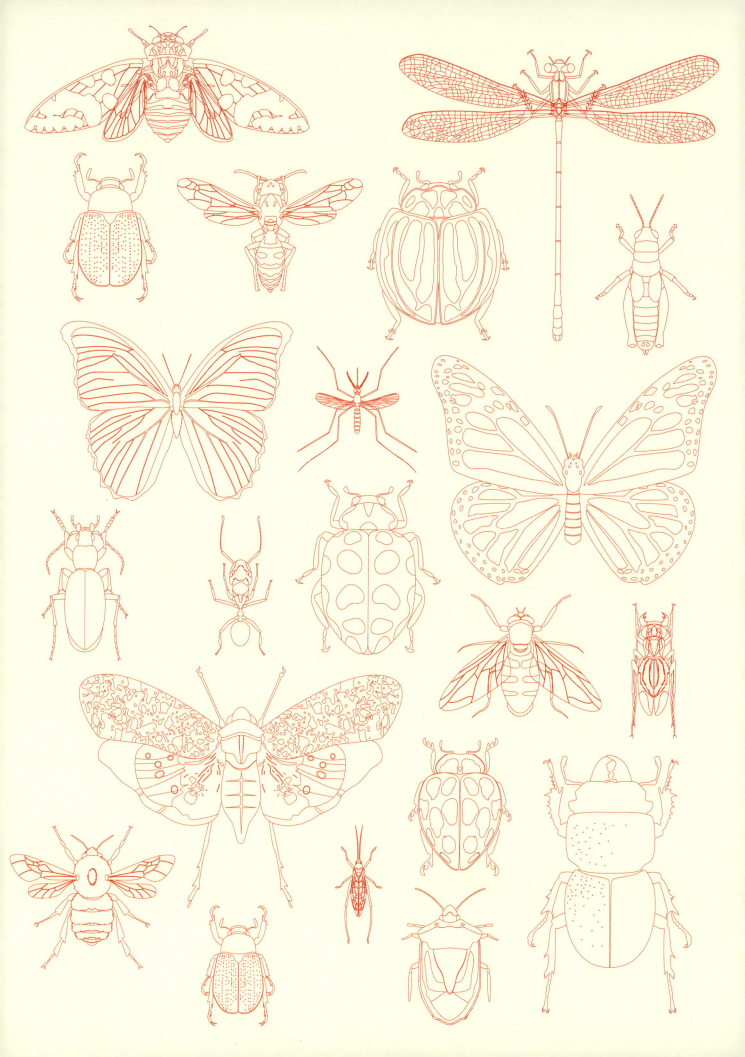